# Me gustaría convertirme

## la Guía del Artista

# Novato

Algunos artistas empezaron a dibujar a una edad muy temprana, como Picasso, que pintó su primer cuadro a los 8 años.

Otros pueden haber descubierto su pasión por el arte más tarde en la vida, como es mi caso.

Algunos estudian arte en la escuela o la universidad, como Eugène Delacroix, que estudió Bellas Artes, mientras que otros se forman por su cuenta, ¡como yo! Básicamente tengo un título en gestión

*"El arte siempre ha existido, los hombres prehistóricos han desaparecido, sus frescos siguen ahí".*

Puede que haya o no muchos obstáculos que superar para llegar a ser un artista profesional, pero para quienes sienten pasión, "pasión" y, sobre todo, determinación por labrarse su propia historia, pueden conseguir abrirse camino en el negocio.

"Pero el objetivo de este libro no es convertirte en una estrella de la pintura, sino decirte por qué no yo, aprender un poco de cultura artística para empezar a hacer tu primera obra y sentirte orgulloso de ella".

"No tengo palabras para expresarles ese sentimiento de orgullo, lo que sentí cuando terminé mi primer cuadro".

*"¿Es feo? Pero esto lo he hecho yo.*

*Estos son mis colores, mi trabajo".*

# Pero después de todo

## todo

Hay que empezar.

¿Qué edad hay que tener para empezar?

*"Realmente nunca es demasiado pronto ni demasiado tarde para empezar a explorar tu interés por una forma de arte".*

**Uguette Clément**

*"Si estás motivado y quieres convertirte en un artista aficionado, descubrirás un pedazo de cultura artística para empezar".*

"Adentrarse en el arte es la mejor manera de expresarse o explorar el potencial artístico, la creatividad o incluso utilizar el arte como forma de lidiar con el estrés o las emociones difíciles".

*"Dedicarse al arte es quizá también una forma de desconectar de la vida cotidiana y centrarse en algo más personal".*

*"Me evado cuando pongo mi playlist, cuando mezclo música y colores, ¡imagínate el cóctel que da!".*

Es importante encontrar un tipo de arte que te interese y se ajuste a tus objetivos, para que tengas más probabilidades de seguir practicándolo a largo plazo.

# Elegir la disciplina que me gusta.

"Hay muchos estilos diferentes, cada uno con sus propias características y técnicas".


He aquí algunos de los estilos más comunes".

# Un cuadro

# realista.

"Me encontré con este estilo que se centra en la reproducción fiel de la realidad, de la vida real, utilizando detalles precisos y gran exactitud".

Este estilo de pintura que busca reproducir fielmente la realidad utiliza técnicas de representación precisas y detalladas que me hicieron pensar: "¡Mágico!".

Las pinturas realistas suelen tener un aspecto muy parecido al de la fotografía, sobre todo porque yo hago fotografía y me gusta.

"Los pintores realistas suelen utilizar colores y texturas muy realistas para reproducir los detalles y matices de la realidad".

Pueden utilizar técnicas como la grisalla, la veladura y la pintura al óleo para crear efectos realistas de profundidad y luminosidad.

Los pintores realistas suelen tratar de reproducir los detalles más sutiles de la realidad, como las texturas, las sombras y los reflejos.

Los temas de los cuadros realistas pueden variar. Pueden incluir escenas de la vida cotidiana, paisajes, retratos, animales u objetos inanimados.

Los pintores realistas también pueden centrarse en temas más abstractos, como los reflejos del agua o las texturas de la naturaleza.

"En resumen, la pintura realista es un estilo pictórico que trata de reproducir la realidad utilizando técnicas de representación detalladas y precisas.

"Realmente no es para mí".

# Pinturas

# impresionistas.

Este estilo se centra en captar los efectos de la luz y el color en la naturaleza, utilizando pinceladas amplias y colores vivos.

El impresionismo es un movimiento artístico que surgió en Francia a mediados del siglo XIX.

Se caracteriza por el uso de colores vivos y brillantes, pequeñas pinceladas y luz para crear impresiones más que reproducciones fieles de la realidad.

Los pintores impresionistas buscaban captar el efecto de la luz en los objetos y escenas que pintaban.

Claude Monet, Edgar Degas, Pierre-Auguste Renoir, Camille Pissarro y Berthe Morisot solían pintar al aire libre para captar los efectos de la luz natural.

También utilizaban colores vivos y pequeñas pinceladas para crear obras de arte que reflejaran sus impresiones subjetivas de la realidad.

Suelen incluir escenas de la vida cotidiana, paisajes, retratos, bodegones y escenas de género.

Los cuadros impresionistas suelen ser muy luminosos y coloristas, con efectos de Se trata de la luz y la transparencia que atraen la atención del espectador.

*"Básicamente, reproducir la realidad, cantar, bailar, reproducir sonidos, movimientos o voces no es lo mío".*

# La pintura expresionista.

Este estilo se basa en la expresión de las emociones y sentimientos del artista, utilizando formas y colores dramáticos.

La pintura expresionista es un estilo artístico que surgió en Alemania a principios del siglo XX.

Se caracteriza por el uso de colores y pinceladas atrevidos y emotivos, y por el énfasis en los sentimientos y experiencias interiores del artista.

Los pintores expresionistas trataban de transmitir una visión subjetiva y personal del mundo, en lugar de limitarse a representar la realidad objetiva.

A menudo utilizaban formas y perspectivas distorsionadas para evocar una sensación de inquietud o agitación emocional.

Algunos pintores expresionistas destacados son: - Egon Schiele - Ernst Ludwig Kirchner -Emil Nolde -Oskar Kokoschka -Max Beckmann.

El expresionismo fue un movimiento importante en el panorama artístico alemán y austriaco antes de la Primera Guerra Mundial. También estuvo activo en otros países, como los Países Bajos, y más tarde en Estados Unidos.

*"Para mí, la realidad es demasiado bella como para distorsionarla y crear incomodidad. Me gusta menos la idea".*

# Pintura

# surrealista.

Este estilo utiliza imágenes y símbolos para expresar ideas fantásticas o surrealistas.

La pintura surrealista es un estilo artístico que surgió en la década de 1920 como reacción contra las convenciones de la pintura tradicional.

Los artistas surrealistas tratan de explorar los aspectos inconscientes de la mente humana utilizando imágenes y símbolos para expresar ideas fantásticas o surrealistas.

Las obras surrealistas suelen caracterizarse por imágenes que parecen incongruentes o incoherentes, pero que tienen un significado oculto o simbólico.

Los artistas surrealistas suelen utilizar técnicas de collage y fotomontaje para crear imágenes sorprendentes y confusas.

Major Surrealist artists include Salvador Dalí, René Magritte, Max Ernst, Yves Tanguy, Joan Miró and others.

They all brought their own vision and technique for exploring the unconscious aspects of the human mind to their work.

La pintura surrealista también ha influido en otras formas de expresión artística, como la fotografía, el cine, la literatura y la música.

¡Whaooo! ¡¡¡Me encanta!!!

PERO! Yo no tengo su imaginación.

Eso suena tan BIEN!!!"

¡¡¡Lo intento!!! Uh !!!!....Hot!

¿Conoces ...el síndrome de la página en blanco?

¡No me desanimo!

Pero de todas formas es complicado.

I'm not discouraged!

But it's complicated anyway!

# ¿Y el estilo cubista?

Así que sigo investigando y me encuentro con el estilo cubista.

La pintura cubista es un estilo artístico que se originó en Francia a finales del siglo XIX y alcanzó su apogeo en las décadas de 1910 y 1920.

Los artistas cubistas se inspiraron en la tradición del arte africano y oceánico y del arte primitivo en general.

Los principales representantes de este movimiento son Pablo Picasso y Georges Braque.

La pintura cubista se caracteriza por la fragmentación de las formas y la reinterpretación de los objetos en el espacio.

En lugar de representar los objetos de forma realista, los artistas cubistas los descomponen en formas geométricas simples, como cubos, pirámides y esferas, y los vuelven a ensamblar para crear una nueva visión del objeto.

Los cuadros cubistas suelen pintarse desde varios puntos de vista simultáneamente, y utilizan colores brillantes y fuertes contrastes para crear una dinámica visual.

Los artistas cubistas también utilizan técnicas como la estratificación y el collage para crear efectos de textura y profundidad en sus obras.

La pintura cubista ejerció una gran influencia en otros estilos artísticos posteriores, como la abstracción geométrica y el arte moderno en general.

# El estilo fauvista.

Se caracteriza por los colores vivos y los fuertes contrastes, y las formas se simplifican y estilizan.

La pintura fauvista es un estilo pictórico que se originó a finales del siglo XIX en Francia. Y sí, Francia otra vez. Qué orgullo para mí descubrir esto.

Los pintores fauvistas tienden a utilizar los colores de forma expresiva, más que a reproducir fielmente la realidad.

Los pintores fauvistas, como Henri Matisse, André Derain, Raoul Dufy y Kees van Dongen, fueron los principales representantes de este movimiento.

Crearon obras de arte que reflejan su propia visión subjetiva de la realidad.

Los cuadros fauvistas suelen ser muy expresivos y atraen la atención del espectador con sus colores vivos y sus formas.

Los temas de los cuadros fauvistas suelen incluir escenas de la vida cotidiana, retratos, paisajes y naturalezas muertas.

"En resumen, la pintura fauvista es un estilo pictórico que se caracteriza por el uso de colores poco naturales para crear obras de arte".

*"Los fauvistas reflejan su propia visión subjetiva de la realidad, una visión que yo no tengo, qué le voy a hacer".*

# Pintura moderna.

Este estilo agrupa las corrientes artísticas surgidas después del siglo XX, como el expresionismo abstracto, los neovanguardistas, el arte conceptual, etc.

Esta lista no es exhaustiva. Existen muchos otros estilos pictóricos, cada uno con sus propias características.

Ya está aquí.

Hay una buena muestra para empezar.

Pero falta una, mi propia Elección.

"¡Yo! Yo he elegido"

Pintura abstracta.

Este estilo se centra en la expresión de ideas, emociones y conceptos a través de formas, colores y texturas.

El arte abstracto es un género artístico en el que los artistas no intentan representar directamente la realidad observable.

En su lugar, buscan expresar ideas, emociones o conceptos a través de formas, colores y texturas.

Las obras de arte abstracto no siguen las convenciones de la representación realista y pueden ser muy diferentes entre sí.

Existen distintos subgéneros del arte abstracto, como la abstracción geométrica, la abstracción lírica, la pintura de acción, el arte minimalista y el arte conceptual.

La abstracción geométrica se caracteriza por formas geométricas simples y colores uniformes, mientras que la abstracción lírica es más intuitiva y emocional, y utiliza formas y colores más fluidos.

La pintura de acción es un estilo en el que el artista pinta de forma rápida y espontánea, con grandes gestos y colores vivos.

El arte minimalista es un estilo minimalista caracterizado por formas geométricas simples y colores sólidos, mientras que el arte conceptual es un estilo que se centra en ideas y conceptos más que en la forma visual."En general, se suele considerar que el arte abstracto está más abierto a la interpretación, dejando más libertad al espectador para darle sentido o significado".

# ¿Cómo imagino lo que

## voy a dibujar?

*"Hay muchas formas de imaginar lo que vas a dibujar".*

*"Deja que tu mente divague y déjate inspirar por lo que te rodea".*

*"¡Yo! ¡A menudo! Imagino escenas de la vida cotidiana, personajes fantásticos, paisajes naturales o incluso cosas que no existen en la realidad.*

*"También hay discusiones que he tenido con gente que me he encontrado por la calle, mi madre, mi hermana, mis colegas, mis clientes, incluso mi gato"*

# Utiliza referencias.

"Utiliza fotos, bocetos o dibujos para inspirarte".

También puedes utilizar referencias que te ayuden a dibujar cosas más concretas, como animales o edificios.

# Utiliza ejercicios de creatividad.

"Hay ejercicios que pueden ayudarte a desarrollar tu capacidad de imaginar".

Por ejemplo, puedes dibujar un objeto a partir de su forma, o imaginar una historia a partir de un dibujo.

# Utiliza tus emociones y sentimientos.

*"Puedes utilizar tus emociones y sentimientos para imaginar cosas que reflejen tu estado de ánimo actual".*

*Por ejemplo, si estás triste, podrías dibujar una escena lluviosa, o un personaje solitario.*

*¿Estás feliz? Una escena con sol, mar y pájaros.*

# Confía en ti mismo.

"A menudo el miedo a no poder dibujar algo bueno puede bloquearnos".

*"Es importante recordar que no hay dibujos malos, sino dibujos que aún no están terminados.Confía en ti mismo y permítete crear".*

*Cada persona es diferente y no hay una única manera de crear.*

*Lo principal es divertirse y dejar fluir la creatividad.*

# Dibuja y pinta con regularidad.

Empieza con un presupuesto pequeño. No necesitas empezar con grandes marcas de pintura o lienzos.

La práctica es esencial para mejorar tus habilidades de dibujo y pintura, igual que con un instrumento musical.

*"Para dominar la guitarra se necesitan diez años por cuerda".*

*"Para dominar el dibujo se necesitan diez años por color".*

*"Así que intenta dibujar o pintar todos los días, aunque sólo sea unos minutos, al principio el resultado no es importante".*

# Mira las obras de arte.

*"Visita museos y exposiciones para ver obras de arte creadas por otros artistas".*

Esto te dará una idea de lo que es posible en el arte y te inspirará para crear tu propia obra.

# Toma clases.

También puedes hacerlo por Internet o apuntarte a clases de arte para aprender técnicas básicas y consejos de los profesionales.

También puedes aprender viendo tutoriales en vídeo en sitios de descarga de vídeos o streaming.

# Sé curioso y abierto.

*"El arte es una aventura constante de aprendizaje y descubrimiento".*

*No tengas miedo de probar cosas nuevas y salir de tu zona de confort.*

*Ser curioso y abierto de mente significa tener ganas de descubrir cosas e ideas nuevas.*

También significa que estás dispuesto a explorarlos de forma crítica e imparcial.

Esto puede incluir explorar nuevos temas de estudio, descubrir nuevas culturas, conocer gente diferente y experimentar con nuevas ideas y perspectivas que te hagan sentir más cómodo.

# Esto puede incluir la exploración de

# Nuevos

Materias de estudio, descubrir nuevas culturas, conocer gente diferente y experimentar con nuevas ideas y perspectivas que harán que la gente se atreva a ser diferente.

La actitud curiosa y abierta puede ampliar tus conocimientos, mejorar tu comprensión y aprender de forma más eficaz.

Es un estado mental que fomenta el aprendizaje y el crecimiento personal, y puede cultivarse siendo consciente de los propios pensamientos y buscando activamente descubrir cosas nuevas, incluido el arte.

# Elegir la pintura adecuada.

There are several types of paint you can use to paint, here are the most common choices.

# Pintura al óleo.

La pintura al óleo se considera uno de los tipos de pintura más nobles del arte, debido a su larga historia y a su gran variedad de texturas y posibilidades de color.

Pintores famosos como Van Gogh, Monet, Rembrandt y Vermeer han utilizado la pintura al óleo para crear sus obras de arte más famosas.

Una de las principales características de la pintura al óleo es su capacidad para extenderse y mezclarse sobre el lienzo para crear texturas y efectos de transparencia únicos.

Los pintores pueden utilizar herramientas como pinceles, espátulas y cuchillos para extender y mezclar la pintura al óleo sobre el lienzo, creando formas y texturas ricas y detalladas.

La pintura al óleo también es conocida por su durabilidad y resistencia a la decoloración.

Las pinturas al óleo se utilizan a menudo para murales y frescos porque resisten las condiciones exteriores y conservan su brillo durante muchos años..

Por último, la pintura al óleo suele considerarse más difícil de dominar que otros tipos de pintura porque requiere cierto tiempo de secado y una técnica específica para mezclarla.

*"Muchos artistas han pasado años perfeccionando su técnica de pintura al óleo para crear obras de arte de calidad".*

# Las ventajas de la pintura al templeLa tempera

La pintura al temple es una técnica pictórica que utiliza pigmentos mezclados con aglutinantes como el huevo o la goma arábiga.

Esta técnica se utilizó desde la antigüedad hasta la Edad Media, cuando fue sustituida por la pintura al óleo.

Las ventajas de la pintura al temple no son desdeñables.

Los pigmentos se secan rápidamente, lo que permite a los artistas trabajar con rapidez y crear obras en poco tiempo.

La pintura al temple es resistente a la decoloración y conserva su color original durante siglos.

Los pigmentos de la pintura al temple suelen ser más brillantes que los de la pintura al óleo.

Es barata porque los materiales utilizados en la pintura al temple suelen ser más baratos que los utilizados en la pintura al óleo.

La pintura al temple es fácil de aplicar y permite crear texturas interesantes.

# Pintura acrílica

*"Esta es una de las pinturas que mejor te sentarán para empezar, bueno, esa fue mi elección".*

Los acrílicos son pinturas al agua que consisten en pigmentos mezclados con una resina acrílica.

Se desarrollaron a mediados del siglo XX y rápidamente ganaron popularidad entre los artistas por su facilidad de uso y rapidez de secado.

Las pinturas acrílicas tienen características similares a los óleos, pero se secan más rápido, son más fáciles de limpiar y más seguras de usar.

Se pueden rebajar con agua para crear lavados y efectos de transparencia, o utilizarlas espesas para crear textura y relieve.

Es importante tener en cuenta que la elección de la pintura dependerá de tus preferencias personales y del efecto que quieras crear en tu cuadro.

Un consejo: prueba distintos tipos de pintura antes de elegir la que mejor se adapte a tus necesidades.

" ¡Mi toque personal! es añadir colores tomados de la naturaleza sin mezclarlos directamente con el acrílico.

# Pigmentos naturales para artistas.

Se utilizan para pintar, grabar o caligrafiar.

Ejemplos comunes de pigmentos naturales son el ocre rojo, el negro de carbón, el azul de cobalto, el verde de cromo, el amarillo de cromo, el blanco de plomo, el rojo de mercurio, el azul de Prusia, el rojo de cadmio, el verde vejiga, el azul índigo, el rojo cerdo, el rojo dragón y docenas de otros que podría nombrar.

Los pigmentos naturales pueden proceder de distintas fuentes, como plantas, especias, animales o minerales.

Algunos pigmentos pueden obtenerse de rocas y minerales, como el óxido de hierro, el carbonato de cobre y la tiza.

Los pigmentos naturales te permiten crear nuevos colores, una forma de dar también otra perspectiva y de realzar tu arte.

Las herramientas del artista.

Puedes utilizar pinceles, rodillos, lápices y rotuladores, varillas, espátulas y muchos otros artilugios para mover y mezclar los colores sobre el lienzo, incluso puedes dar forma a tu obra con todo tipo de herramientas de tu taller.

Y para terminar Amigos.
¡No lo olvides nunca!

Es importante recordar que convertirse en artista es difícil, pero eso no significa que sea imposible.

Se necesita mucha determinación, perseverancia y práctica para conseguirlo, como en cualquier disciplina".

*« Always learn and never stop sketching ! »*

*Queridos lectores,*

*Permítanme expresarles mi más sincera gratitud por tomarse el tiempo de leer mi libro.*

*Me siento profundamente honrado de que hayan decidido compartir este viaje conmigo.*

*Estoy encantado de que hayan encontrado este libro informativo y entretenido, y agradezco sinceramente a aquellos de ustedes que se han tomado el tiempo de dejar comentarios o reseñas en las diversas plataformas de venta de libros.*

*Vuestro compromiso e interés por este tema es una profunda motivación para mí. El propósito de este libro era poner de relieve el hecho de que* cualquiera puede dedicarse al arte. Por último, quiero agradecerles sinceramente su apoyo y su contribución a la historia de la literatura.

Les estoy muy agradecido por tenerles como lectores, y espero que en el futuro continúen su viaje a través de otros libros y otros temas interesantes.

**_Thank you again for your time and interest._**

*Gracias de nuevo por su tiempo e interés.*

Kartiste Tornazzi

Insta :@Kartiste_arts